« L'égalité, c'est la santé ! »

Dans la collection « entretien » :

- *« Ils nous ont dit : Vous êtes fous ! »,*
avec Maurice Kriegel-Valrimont, 2013
- *« Contre les gourous de la croissance »,*
avec Jean Gadrey, 2015.
- *« Remporter la bataille des idées »,*
avec Antonio Gramsci, 2015.

Et aussi, chez Fakir Éditions :

- *Les Yé-quoi ?, les yézides du Sinjar à la Picardie*
Vincent Bernardet et Sibylle Luperce, 2015.
- *Comment ils nous ont volé le football,*
Antoine Dumini et François Ruffin, 2014.
- *« Pauvres actionnaires ! » Quarante ans de discours économique du Front national passés au crible,*
François Ruffin, 2014
- *Faut-il faire sauter Bruxelles ?,* François Ruffin, 2014
- *Hector est mort*, François Ruffin, 2013
- *Vive la banqueroute!*
sous la direction de François Ruffin
et Thomas Morel, 2013

François Ruffin

« L'égalité, c'est la santé ! »

Entretien avec Richard Wilkinson,
épidémiologiste.

Fakir Éditions

Ce livre est publié avec le soutien
du conseil régional de Picardie.

Qui sommes-nous ?

Liée à aucun parti, aucun syndicat, aucune institution, fâchée avec tout le monde ou presque, l'association Fakir est basée à Amiens depuis 1999.

On espère fournir, d'abord par notre journal, ensuite par nos vidéos, notre site internet, nos livres, nos débats, une information rigolote sur la forme mais sérieuse sur le fond, combative mais pas sectaire.

Notre adresse : Association Fakir
4, rue Blanquetaque – 80 000 Amiens
Notre numéro de téléphone : 03 22 72 64 54
Pour nous écrire : contact@fakirpresse.info
Le site internet du journal : www.fakirpresse.info

PROLOGUE

L'épidémiologie à la douane

On sortait à peine la bagnole du ferry, à Douvres, avec les sièges pour enfants à l'arrière, le tee-shirt *Fakir*, hésitant à rouler à gauche, quand un douanier anglais, en uniforme jaune fluo, a fait garer le Partner sur le côté :

« Can I see your passports? »

Du classique, jusque-là.

« Do you come here for business or holidays ?

— Euh... On va dire bizness. We are journalists... »

Ça le calmerait, je croyais, « journalistes ». Mais non, ça le rend d'autant plus perplexe, « journalistes », des journalistes qui ne prennent pas l'Eurostar (trop cher pour nos finances dissidentes).

« And what are you coming for ?

— Euh, we must meet an academic, in York... On doit rencontrer un universitaire, à York... He did write a book that we consider as very important... Il a écrit un livre qu'on considère comme très important... About equality... À propos de l'égalité... It has been translated but there's no video, in French, that restitutes... Il a été traduit mais il n'y a pas de vidéo, en français, qui restitue… is that correct, "restitute" ?… est-ce que ça se dit, restitue ?… that restitutes the scheme of his thought… qui restitue le fil de sa pensée… So, we want to make his interview… Et on veut donc faire son interview… »

Voilà qui devenait carrément louche, comme histoire.

« Do you have some papers to prove it ? Est-ce que vous avez des papiers pour prouver ça?

— Euh, the exchanges for the meeting are in my e-mails… Les échanges pour le rendez-vous sont dans ma boîte courriel… But I got the book… Mais j'ai le livre… »

Je lui remets l'ouvrage comme une pièce à décharge.

« What is this book about ? »

Le douanier épluche *Pourquoi l'égalité est meilleure pour tous* d'un air suspect, le feuillette à la recherche d'une preuve, d'un élément confirmant ma culpabilité.

« You see, Richard Wilkinson is an epidemiologist and so, from his point of view… Vous voyez, Richard Wilkinson est un épidémiologiste et donc, de son point de vue… »

Mais l'officier ne me laisse pas achever ma thèse. Il s'arrête, interloqué, sur la page 247 :

« What is "la wéaction du cycliste" ? »

Et merde, j'ai oublié ce passage, et je nous vois déjà, Arnaud – qui filme – et moi, accusés de quoi ? de trafic, de cigarettes, d'alcool, de stups, la voiture passée au crible et nous au détecteur de mensonges parce que je n'ai rien retenu de cette « réaction du cycliste »…

« I'm sorry, I forgot… Je suis désolé, j'ai oublié… But I can give the general idea… Mais je peux vous livrer l'idée générale... »

Il m'écoute, aux aguets.

C'est la première fois que je dois résumer, à des forces de l'ordre, le contenu d'un essai politique, discuter d'épidémiologie pour franchir une frontière, exposer à un agent les recherches les plus avancées sur les hormones... et qui plus est, en anglais !

« You see, it's a very rich book because it makes the links between fields that, usually, are looked apart... Vous voyez, c'est un livre très riche parce que ça fait le lien entre des domaines qui, d'habitude, sont regardés séparément... Economy, sociology, psychology, even endocrinology... Économie, sociologie, psychologie, et même l'endocrinologie... »

Ça y est, je suis en conférence. Avec un public réduit, mais attentif.

« Most of the time, I feel like seeing pieces of a puzzle, but without getting the whole picture... Le plus souvent, j'ai l'impression de regarder des pièces d'un puzzle, mais sans apercevoir toute l'image... With this book, the pieces suit together... Avec ce livre, les pièces se rassemblent. »

Il me mate de travers : je me moque de lui ou pas ? Il revient à la couverture, s'attache au titre :

« Pouwquoi l'égalité est meilleuw pouw tous ?

— Yes, the general idea is that people live better, with a higher life expectancy, with less child death, in societies that are more equal... Oui, l'idée générale, c'est que les gens vivent mieux, avec une espérance de vie plus élevée, avec moins de mortalité infantile, dans des sociétés qui sont plus égales... While in unequal societies, even the rich die younger... Tandis que dans des sociétés inégales, même les riches meurent plus jeunes...

— And poor die first !... Et les pauvres meurent les premiers !...

— You're right, but that point had been demonstrated for a long time... Vous avez raison, mais ce point a été démontré depuis longtemps... »

Mon élève s'éloigne, abandonne malheureusement le terrain théorique. Il nous fait ouvrir le coffre, tâte un énorme sac à doc :

« And what is in this bag ? »

Arnaud l'ouvre. C'est un dictionnaire *Robert et Collins.*

Je le charrie un peu, quand même : « One book and one dictionary in the same car, that becomes very suspicious, isn't it ?... Un livre et un dictionnaire dans la même voiture, ça devient très suspect, n'est-ce pas ? »

Le douanier laisse tomber, les idées sont encore autorisées à franchir les frontières.

On ne lui a pas menti : quand j'ai lu l'ouvrage de Richard Wilkinson, et de sa compagne Kate Pickett, ça m'a fait tilt, ça m'a filé comme un vertige, comme une évidence qui s'ouvrirait sous mes pas. Assez pour passer deux jours dans les transports, assez pour sacrifier 600 £ de notre abondante trésorerie, assez pour y consacrer un dossier dans *Fakir*, un petit bouquin ici, comme une porte d'entrée dans cette œuvre, on va prendre l'espace qu'il faut, pas seulement pour vous donner « envie de lire » cet essai (tant mieux si l'envie vous prend, mais combien de citoyens ont le temps, le courage, de se taper un bouquin de 500 pages, bourré de statistiques ?), mais pour vous livrer son raisonnement, pour le suivre pas à pas, pour parvenir à ses conclusions – et que vous les fassiez vôtres, éventuellement, que vous les portiez à votre tour, qu'elles se popularisent à gauche, qu'elles soient discutées, placées au cœur d'un programme, puisqu'elles offrent un fondement scientifique à cette conviction morale : l'égalité est meilleure pour tous.

Certains livres sont des armes dans la bataille des idées. Reste à s'en saisir.

Bio express

Né en 1943, Richard Wilkinson est Professeur émérite d'épidémiologie à l'Université de Nottingham et à l'University College London.

Il a notamment publié, avec sa compagne Kate Pickett, *Pourquoi l'égalité est meilleure pour tous* (Éditions Les Petits Mains, en partenariat avec l'Institut Veblen, 500 pages, 20 €.).

Cet entretien mêle, indistinctement, sans le signaler, des passages de l'interview réalisée à York avec lui et des extraits de son ouvrage.

(Si on n'a pas questionné la co-auteure, c'est qu'elle préférait pas.)

Entretien

Richard Wilkinson

“NOTRE APPORT, C’EST QUE NOUS RASSEMBLONS LES PIÈCES D’UN PUZZLE, QUE NOUS RACONTONS UNE HISTOIRE, PLUS ACCESSIBLE POUR LE GRAND PUBLIC. MAIS DERRIÈRE NOS PAGES, IL Y A DES CENTAINES D’ANNÉES DE RECHERCHES, ACCUMULÉES PAR DES DIZAINES D’AUTEURS.”

LA MÉTHODE

Fakir : Professeur Wilkinson, j'ai regardé dans toutes vos pièces, là, chez vous, au rez-de-chaussée, mais je n'ai pas vu de laboratoire. Où est votre labo ?

Richard Wilkinson : Je n'ai pas de laboratoire !

Fakir, *déçu* **:** Ah bon, je pensais qu'un épidémiologiste, c'était un peu comme Pasteur, ça cherchait des bactéries avec un microscope…

R.W., *souriant* **:** Pour un épidémiologiste, le laboratoire, ce sont les données, les données sur la population, sur la santé, des statistiques. Aussi, je passe mon temps devant un écran d'ordinateur à regarder des tableaux sur les taux de mortalité, à lire différentes études. Certaines suivent les personnes sur des décennies, depuis l'enfance, des études sans fin, sur des données économiques et sociales, souvent complétées par des données biologiques, sur le cholestérol, la pression sanguine, les hormones, etc.

Notre livre, avec Kate, rassemble en fait des recherches menées partout à travers le monde : deux cents articles sont parus dans les revues académiques observant les liens entre les inégalités de revenus et la santé de la population. Cinquante autres ont été publiés sur la violence et les inégalités de revenus. Et l'on recourt, au total, à quatre cents références. Par exemple, un papier publié dans le *British Medical Journal* combine des données individuelles provenant de soixante millions de personnes, contrôlant les revenus année après année, évaluant d'autres facteurs, avec des analyses mathématiques sophistiquées, extrêmement complexes.

Notre apport, c'est que nous rassemblons les pièces d'un puzzle, que nous racontons une histoire, plus accessible pour le grand public. Mais derrière nos pages, il y a des milliers d'heures, mêmes des centaines d'années de recherches, accumulées par des dizaines d'auteurs.

LA FIN D'UNE ÉPOQUE

Fakir : Je voudrais qu'on démarre par un graphique qui, me semble-t-il, fonde toutes vos interrogations. Celui-ci. [Figure 1] Que nous dit-il ?

R.W. : Que, dans les pays pauvres, comme on le voit, l'espérance de vie augmente rapidement pendant les premières étapes du développement

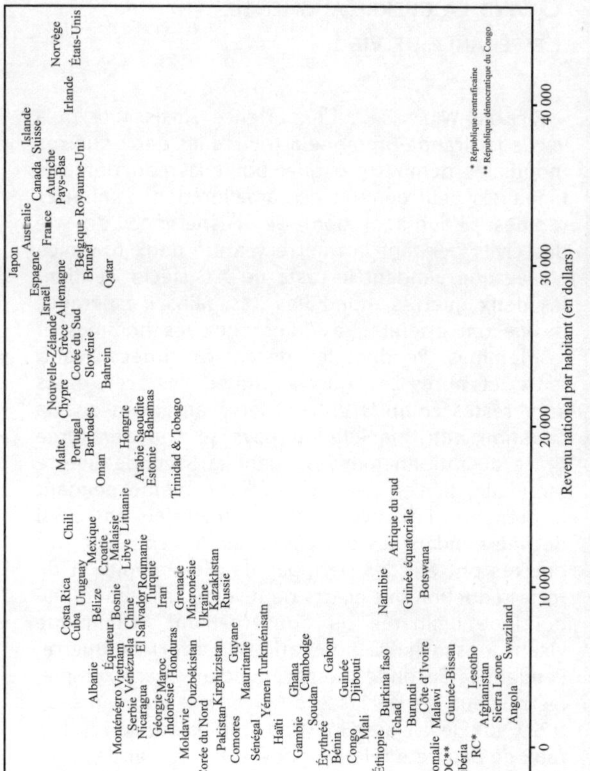

Figure 1 : Ce n'est que lors des premières étapes de développement économique que l'espérance de vie augmente.

QUAND LA GUERRE AUGMENTE... L'ESPÉRANCE DE VIE !

RICHARD WILKINSON : L'expérience saisissante qu'a vécue la Grande-Bretagne à travers les deux guerres mondiales démontre à quel point la réduction des inégalités peut générer des améliorations sanitaires rapides. L'augmentation de l'espérance de vie des civils pendant la guerre y a été deux fois plus élevée que pendant le reste du XXe siècle. Pendant les deux guerres mondiales, les gains d'espérance de vie ont atteint 6 à 7 ans chez les hommes et les femmes. Pendant les décennies situées avant, entre et après les guerres mondiales, ces gains sont restés compris entre 1 et 4 ans. Bien que la situation nutritionnelle du pays se soit améliorée grâce au rationnement pendant la Seconde Guerre mondiale, il n'en avait pas été de même pendant la première. Les niveaux de vie matériels ont aussi décliné pendant les deux guerres. Il n'empêche, les guerres ont été des périodes de plein-emploi et de forte réduction des écarts de revenus, résultat d'une politique délibérée du gouvernement britannique visant à associer la population à l'effort de guerre. Pendant la Seconde Guerre mondiale, par exemple, les revenus de la classe ouvrière ont augmenté de 9 %. Ceux de la classe moyenne ont baissé de 7 %. Les taux de pauvreté relative ont été divisés par deux. Le sentiment de camaraderie et de cohésion sociale qui en a résulté a non seulement amélioré la santé, mais il a aussi fait chuter les taux de criminalité.

économique : la richesse produit alors, globalement, du bien-être. Mais au fur et à mesure que les niveaux de vie augmentent, le lien entre croissance économique et espérance de vie s'atténue. Il finit par disparaître entièrement et la courbe ascendante devient horizontale. Autrement dit, dans les pays riches, augmenter la richesse ne se traduit par aucun gain supplémentaire en matière d'espérance de vie.

Je vous propose ainsi de faire un zoom sur la vingtaine de pays les plus riches [FIGURE 2]. Qu'observez-vous ?

Figure 2 : L'espérance de vie n'a aucun rapport avec les écarts de revenus moyens entre pays riches.

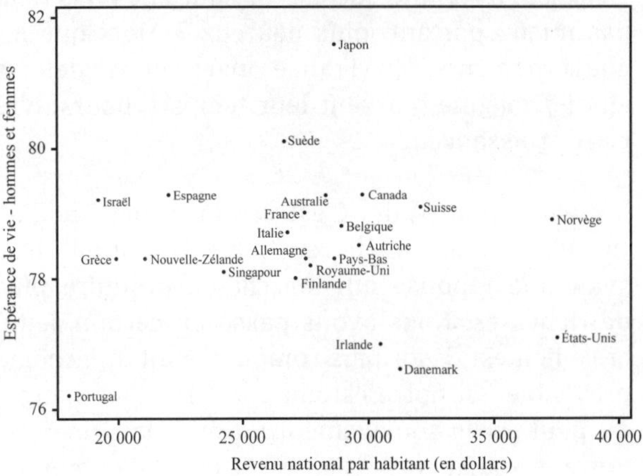

Fakir : ...

R.W. : Eh bien justement, vous n'observez rien ! Les pays sont distribués de façon aléatoire, il n'y a aucune cohérence. Ainsi, les États-Unis, qui sont les plus riches, ont une espérance de vie inférieure à la Grèce, à l'Espagne, à la Nouvelle-Zélande, à des pays où le revenu par habitant est presque deux fois moindre. Ça n'est pas davantage lié aux dépenses de santé : les Américains dépensent trois fois plus, quasiment, que les Japonais, les Israéliens ou les Finlandais pour vivre moins longtemps [FIGURE 3]. Et on obtient les mêmes résultats, les mêmes courbes, la même incohérence, si à la place de l'espérance de vie on prend les problèmes sanitaires et sociaux [FIGURE 4], ou le taux déclaré de bonheur.

Fakir : Ça signifie que la croissance ne nous rend pas mieux portant, plus heureux ? Alors que les gouvernements, en France mais en Angleterre aussi j'imagine, passent leur temps à poursuivre cette croissance...

R.W. : Tout-à-fait. C'est la fin d'une époque. Jusqu'ici, pour améliorer notre condition, il y avait une réponse qui marchait : produire plus de richesses. Nous avons passé un certain seuil, et ce lien est désormais rompu. C'était un schéma prévisible : si notre estomac crie famine, manger du pain est le soulagement ultime. Mais une fois notre estomac rassasié, disposer de nombreux autres pains ne nous aide pas particulièrement...

Nous sommes la première génération à devoir répondre de façon plus novatrice à cette question : comment apporter de nouvelles améliorations à la qualité réelle de la vie humaine ? Vers quoi nous tourner si ce n'est plus la croissance économique ?

Figure 3 : L'espérance de vie n'est pas liée aux dépenses de soins de santé dans les pays riches.

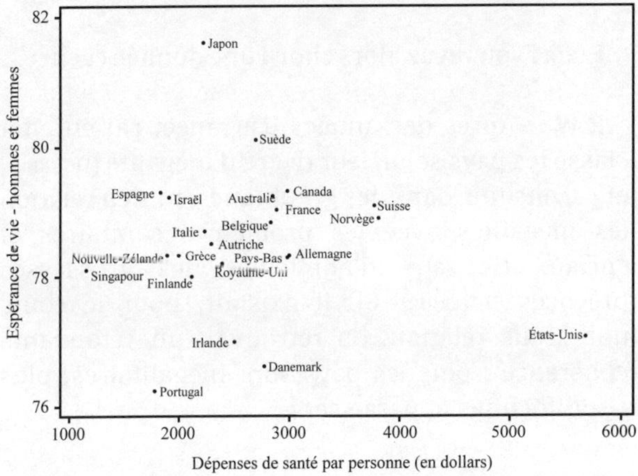

Figure 4 : Les problèmes sanitaires et sociaux ne sont que faiblement liés aux revenus nationaux moyens dans les pays riches.

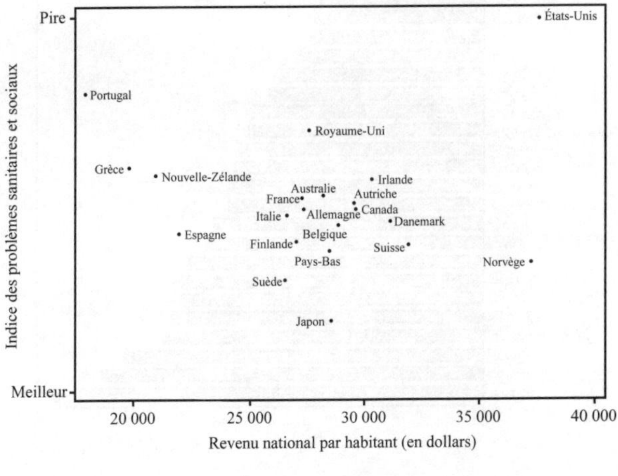

LE MAL-ÊTRE DES INÉGALITÉS

Fakir : Vous avez alors choisi une donnée cachée...

R.W. : Après des années d'errance, j'ai en effet classé les pays selon leur degré d'inégalité [FIGURE 5] et j'ai ensuite, dans des graphiques, mis en relation les inégalités avec les problèmes sanitaires et sociaux (le taux d'homicides, les grossesses précoces...) [FIGURE 6]. Il existait, pour le coup, une réelle relation, on retrouvait une étonnante cohérence : plus les pays sont inégalitaires, plus ces difficultés apparaissent.

Figure 5 : Combien de fois les 20 % les plus riches sont-ils plus riche que les 20 % les plus pauvres.

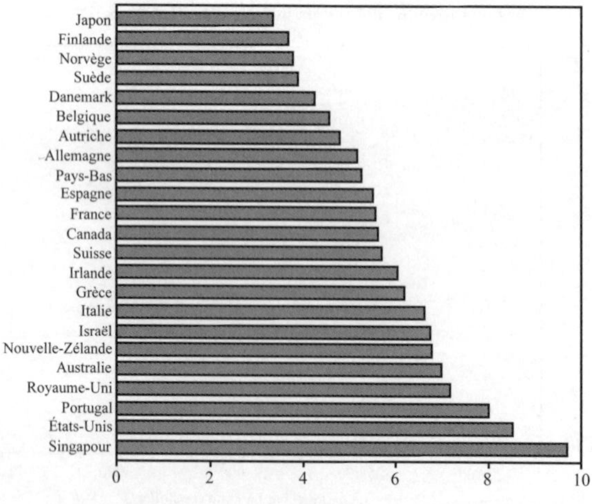

Figure 6 : Les problèmes sanitaires et sociaux sont étroitement liés à l'inégalité dans les pays riches.

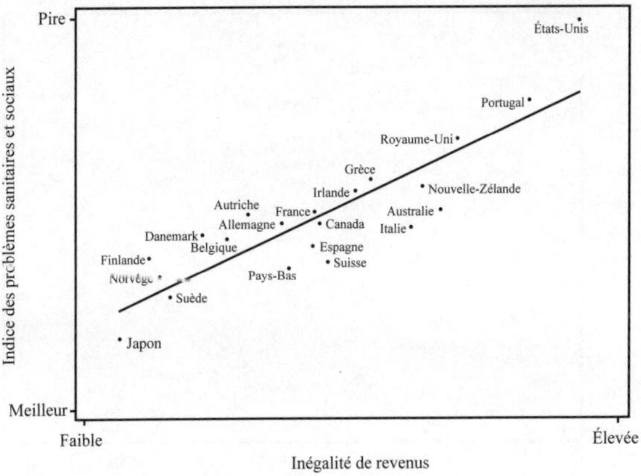

Qu'on fasse de même avec l'indice Unicef : dans les pays riches, le bien-être des enfants n'est pas lié aux revenus, la distribution paraît hasardeuse [FIGURE 7]. Mais qu'on mette l'inégalité en abscisse, et une logique apparaît [FIGURE 8]. Idem avec l'espérance de vie, la mortalité infantile, ou encore les maladies mentales, l'obésité, les homicides, et aussi le taux d'incarcération [FIGURES 9 À 14], les résultats scolaires, le taux de maternité précoce.

Au final, dans les sociétés plus inégalitaires, les gens ont cinq fois plus de risques d'être emprisonnés, six fois plus de risques d'être cliniquement obèses, et le ratio des homicides est encore plus élevé. Pareils résultats, qui coïncident, ne peuvent plus tenir du hasard. Si l'on veut combattre tous ces maux, si l'on veut franchir un nouveau cap dans le développement humain, ces données nous indiquent la voie : celle de l'égalité. Qui est bonne pour la santé !

Figure 7 : L'indice Unicef du bien-être des enfants n'est pas lié au revenu national brut par habitant dans les pays riches.

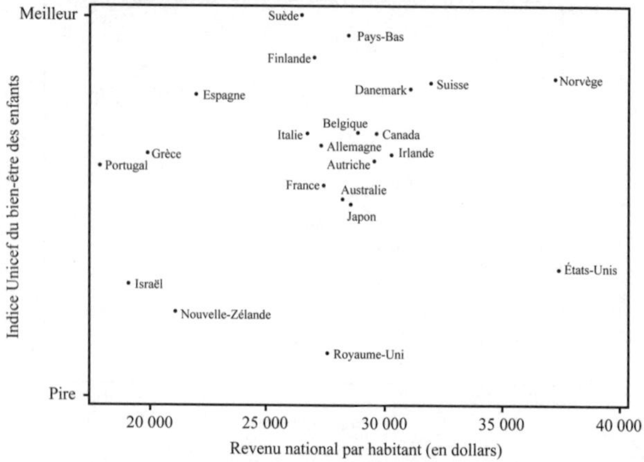

Figure 8 : L'indice Unicef du bien-être des enfants dans les pays riches est lié à l'inégalité.

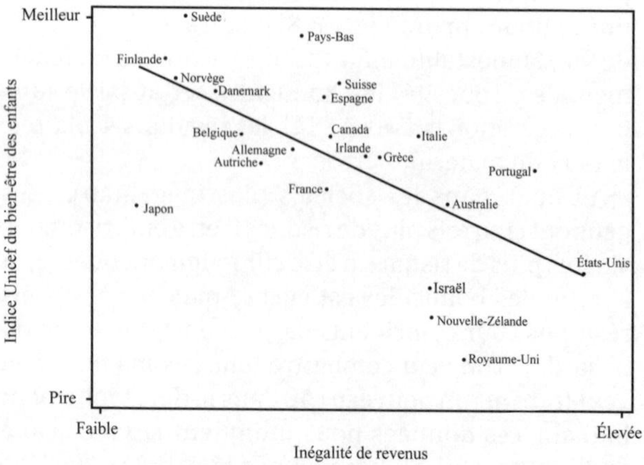

Figure 9 : L'espérance de vie est liée à l'inégalité dans les pays riches.

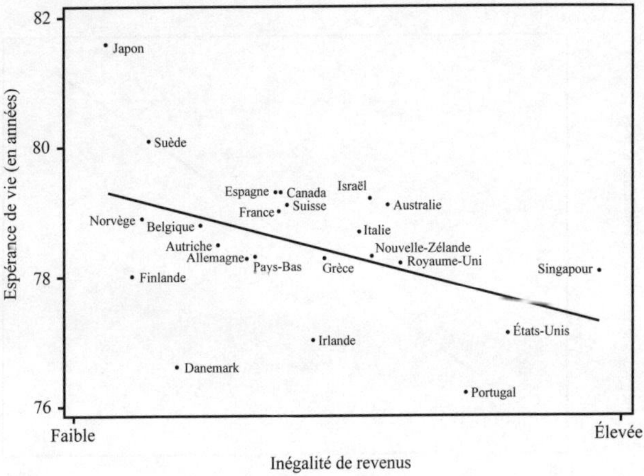

Figure 10 : La mortalité infantile est liée à l'inégalité dans les pays riches.

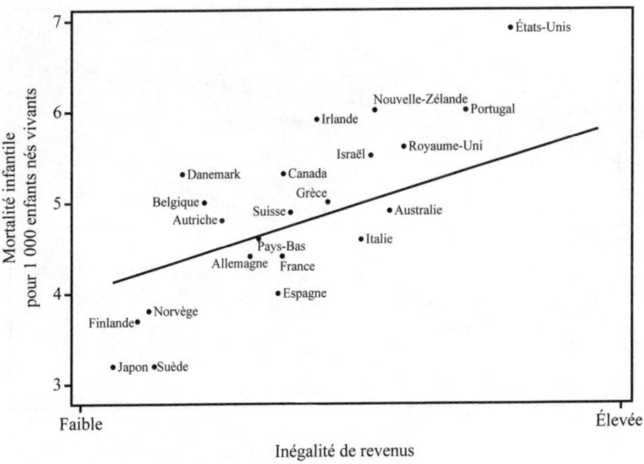

Figure 11 : Plus de gens souffrent de maladies mentales dans les pays inégalitaires.

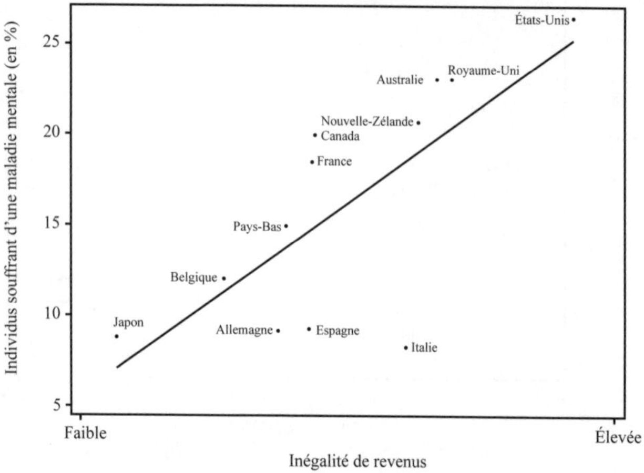

Figure 12 : Plus d'enfants souffrent de surpoids dans les pays inégalitaires.

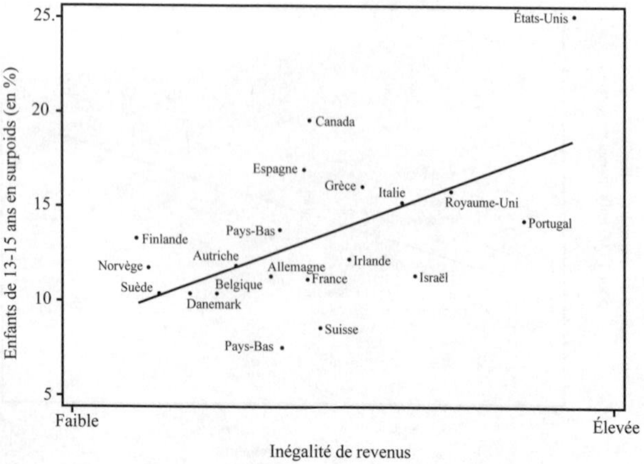

Figure 13 : Les homicides sont plus fréquents dans les pays plus inégalitaires.

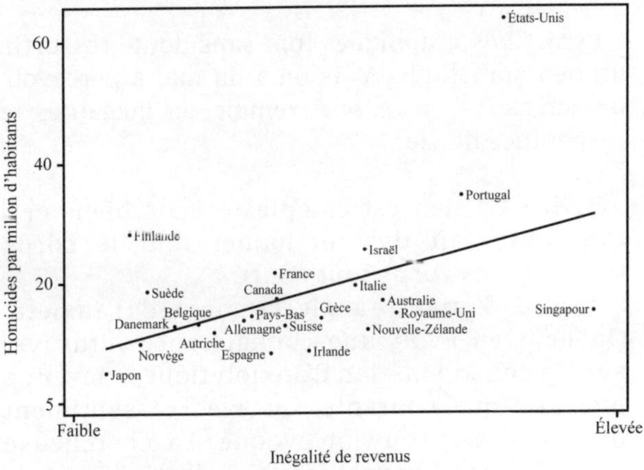

Figure 14 : On compte plus de personnes incarcérées dans les pays plus inégalitaires.

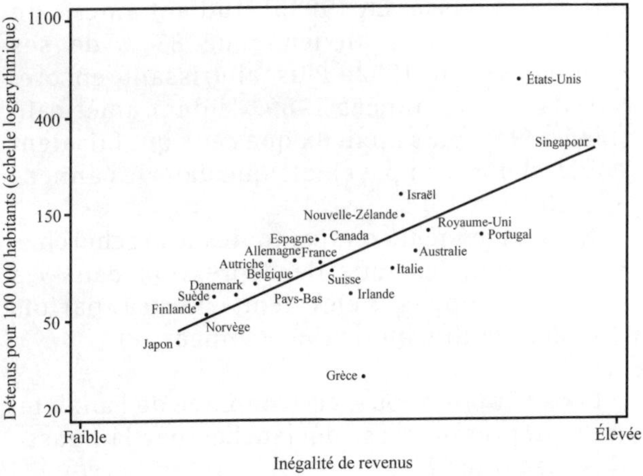

LA MONTÉE DU NARCISSISME

Fakir : Vos graphiques font sans doute ressortir un lien statistique. Mais on a du mal à percevoir un lien causal entre, par exemple, les inégalités et l'espérance de vie…

R.W. : Ce lien est complexe, mais bien réel. L'inégalité fait dysfonctionner tout le corps social, et les corps tout court.

Partons d'un autre angle : la montée de l'anxiété. On peut en avoir une connaissance intuitive, avec la consommation d'anxiolytiques, devenue une pratique courante, ou avec ce sentiment de « stress » souvent évoqué. La chercheuse Jean Twenge, psychologue à l'université de San Diego, a rassemblé 269 études qui nous le confirment : nous sommes bien plus anxieux que par le passé. En 1993, l'étudiant américain moyen était plus anxieux que 85 % de ses semblables en 1952. Plus ahurissant encore, vers la fin des années 1980, l'enfant américain moyen était plus anxieux que ceux qui faisaient l'objet d'un suivi psychiatrique dans les années 1950 [FIGURES 15] !

Et dans le même temps, toutes les recherches le prouvent, les taux de dépression dans les pays développés s'élevaient, jusqu'à parfois doubler, en une quinzaine d'années.

Fakir : Et pour vous, cette montée de l'anxiété, de la dépression, est déclenchée par la hausse des inégalités ?

Figures 15 : Augmentation des taux d'anxiété chez les étudiants américains entre 1952 et 1993. Données provenant de 269 échantillons couvrant 52 000 personnes.

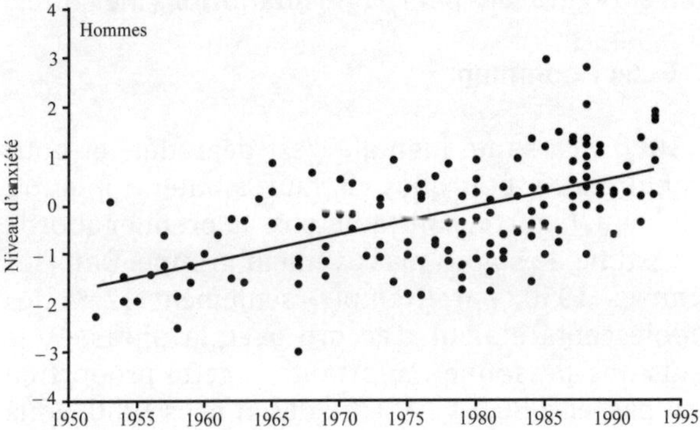

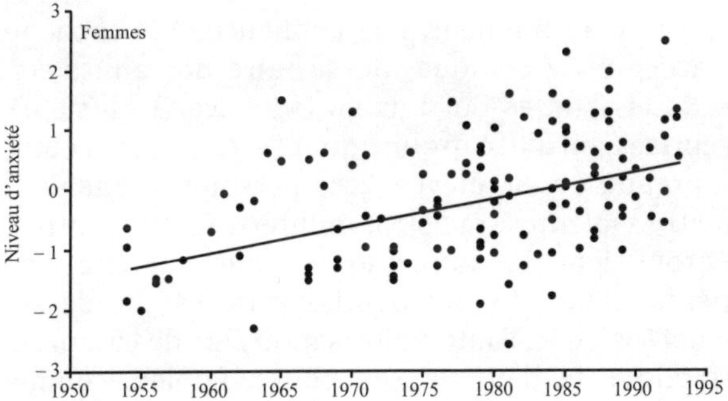

R.W. : « Déclenchée », non. C'est une hypothèse qu'on doit écarter : la montée de l'anxiété, de la dépression, précède le retour des inégalités. Mais on peut affirmer, en revanche, que ces tendances ont été aggravées par l'augmentation des inégalités.

Fakir : Comment ?

R.W. : La santé mentale s'est dégradée, et pour comprendre pourquoi, il faut ajouter un autre élément, bizarre, contradictoire au premier abord : « l'estime de soi » a massivement grimpé. Dans les années 1950, par exemple, seulement 12 % des adolescents étaient d'accord avec la phrase « Je suis une personne importante », cette proportion est passée à 80 % vers la fin des années 1980. Voilà qui ne cadre pas, en apparence, avec la montée de l'anxiété et la multiplication des dépressions.

De nombreux chercheurs ont travaillé sur ce paradoxe, et ils en sont venus à distinguer deux « estime de soi ». D'abord, celle, bien réelle, associée au bonheur, à la confiance, à la capacité d'accepter la critique, de se faire des amis, etc. Mais les études ont mis en évidence, à plusieurs reprises, un autre groupe dont l'estime de soi était, à première vue, élevée : ces personnes tendaient à être violentes, racistes, indifférentes aux autres, éprouvaient des difficultés à nouer des relations personnelles. Ils ont baptisé cette estime de soi « défensive » : l'auto-valorisation sert de carapace, implique le déni de ses points faibles, comme une tentative intérieure de se mettre en avant, de maintenir une image positive de soi-même face à des menaces pesant sur sa propre estime. Cette attitude est donc fragile. Elle rappelle ceux qui sifflent dans le noir pour se rassurer. C'est une estime de soi à la fois forte et précaire, où l'on se préoccupe excessivement de soi, de sa réussite, de son image, de son apparence aux yeux des autres...

Il est désormais largement admis, chez les scientifiques, qu'on a assisté à la montée de ce narcissisme, insécurisé, en particulier chez les jeunes, plutôt qu'à une estime de soi authentique.

La menace d'évaluation sociale

Fakir : Pourquoi pas. Mais on ne voit toujours aucun lien avec les inégalités...

R.W. : Quelle est la principale cause de stress dans notre société ? Ce n'est plus d'être dévoré par un lion, pas davantage de mourir de faim, et fort rarement d'être battu par un concitoyen, non : c'est d'être évalué socialement.

Des chercheurs ont concentré leur attention sur une hormone, le cortisol, qui joue un rôle central dans le stress. Elle est libérée par le cerveau et sert à nous préparer physiologiquement contre des menaces et des urgences potentielles. Des volontaires ont été exposés à des bruits intenses, invités à écrire sur des expériences déplaisantes, filmés ou non pendant qu'ils accomplissaient ces tâches, etc. Et durant ce stress expérimental, on mesurait le taux de cortisol dans la salive. Eh bien, les 208 rapports parvenaient à la même

“AUPARAVANT, ON VIEILLISSAIT ENTOURÉ DE SA FAMILLE, DE SES FRÈRES, QUI HABITAIENT BIEN SOUVENT À PROXIMITÉ.
ET AVEC CES PROCHES, QUE L’ON CONNAISSAIT PAR CŒUR, IL N’EXISTAIT AUCUNE MENACE PERMANENTE D’ÉVALUATION SOCIALE.”

conclusion – je cite Sally Dickerson et Margaret Kemeny, chercheuses à l'université de Californie : « Les tâches qui incluent une menace d'évaluation sociale (comme des menaces sur l'estime de soi ou sur le statut social) pouvant impliquer le jugement négatif d'une performance par autrui provoquent des modifications plus importantes et plus avérées du taux de cortisol que des facteurs de stress qui ne génèrent pas ces menaces. » Ainsi, « les êtres humains sont animés du souci de préserver leur moi social et sont vigilants face aux menaces qui peuvent y porter atteinte ».

Le stress le plus puissant, et le plus chronique – dont on verra, plus loin, les conséquences pour la santé – c'est donc l'inquiétude face au jugement d'autrui.

Fakir : Mais pourquoi cette « menace d'évaluation sociale » se serait renforcée ?

R.W. : Le retournement a commencé il y a une cinquantaine d'années, donc avant – je le rappelle – la montée des inégalités. L'éclatement des communautés est une explication plausible. Auparavant, on grandissait dans son village, ou dans son quartier, au contact de personnes qu'on allait fréquenter toute sa vie. On vieillissait entouré de sa famille, de ses frères, qui habitaient bien souvent à proximité. Et avec ces proches, que l'on connaissait par cœur, et qui nous connaissaient par cœur, il n'existait aucune menace permanente d'évaluation sociale. La mobilité géographique, grâce à la voiture, à l'avion, pour les études ou un emploi, a bouleversé cette réalité. Un flux constant d'inconnus a remplacé les visages familiers. Notre identité, notre valeur sociale, peuvent être continuellement remises en cause. Dès lors, nous sommes devenus extrêmement conscients de nous-mêmes, obsédés par ce que nous donnons à voir aux autres, inquiets de passer pour peu séduisants, ennuyeux ou stupides, et constamment occupés à gérer les impressions que nous laissons. Comment ces inconnus nous jugent-ils ? Avons-nous fait bonne figure ? Cette vulnérabilité fait partie intégrante de la condition psychologique moderne.

ENVAHI PAR LA HONTE

Fakir : Mais où voyez-vous un lien avec les inégalités ?

R.W. : Les inégalités accroissent, de façon évidente, ce stress de l'évaluation. Quand, dans un pays, les niveaux de revenus et les modes de vie sont proches, on redoute moins d'être classé, c'est-à-dire exclu, en un regard. La société se divise moins en « eux » et en « nous », avec la crainte d'être rejeté. Lisez donc ce témoignage, d'un ouvrier de Rotherham, dans les Midlands britanniques, croisant une femme de la classe moyenne. Sans même qu'un propos soit échangé, il est envahi par la honte, par un sentiment d'infériorité, et il bascule ensuite dans l'hostilité.

L'autre jour je suis allé au bureau d'aide sociale. Il y avait des sièges et l'un d'entre eux était vide à côté de cette femelle étriquée, vous savez, du genre mince, belle, classe moyenne, et je ne voulais pas m'asseoir à côté d'elle, je sentais que ce n'était pas bien. Alors je me suis rendu compte de tout, de mon poids, de mon surpoids, j'ai commencé à suer, je suis devenu maladroit, j'ai commencé à traîner des pieds. Je me disais « Non, je ne vais pas m'asseoir là, je ne veux pas la chasser, je ne veux pas qu'elle ait l'impression d'être chassée », on n'a pas envie de les déranger, on sait qu'on les insupporte. Cette façon qu'ils ont de vous regarder avec l'air dégoûté, ils vous regardent comme si vous envahissiez leur espace, comme ça, droit dans les yeux, vous sentez que vous n'êtes pas à votre place, ça vous ôte l'envie de sortir. Je vais vous dire ce que c'est, c'est une forme de violence, c'est comme une barrière qui dirait « Écoute bien, minable, ne pense même pas à venir près de moi (haussement de la voix avec accents de douleur et de colère) ! Qu'est-ce que tu fous dans mon espace. Nous, on paye pour ne pas voir les moins que rien dans ton genre. »

Et ça vous stresse, ça vous épuise. C'est partout, tout le temps. Je veux dire, je l'ai repérée (regard vers elle) et elle m'a repéré, vous voyez. Et j'ai pensé « Putain, je vais même pas m'asseoir là ». Je vais l'embarrasser et ça va m'embarrasser, vous voyez (haussement de la voix avec accents de douleur et de colère), juste d'être assis là, vous comprenez ce que je veux dire ? On se comprend sans se parler. Vous savez ce qu'ils sentent et vous le sentez aussi, comme je vous l'dis. Qu'ils aillent se faire foutre, ils n'ont rien, c'est cet air qu'ils ont, ils ont le bon corps, les bons vêtements et tout, la confiance, l'attitude, vous voyez ce que je veux dire. Nous (tristesse, la voix baisse) on n'a rien, on ne peut pas l'avoir. On arrive avec un air de chien battu, on traîne les pieds en marchant. On a juste envie de se cacher.

R.W. : Nous ne sommes pas tous égaux devant la menace d'évaluation : un haut statut social en préserve largement. Certes, on peut appartenir aux classes supérieures et se sentir rejeté, mais en général, plus vous êtes juché sur un échelon social élevé, plus le doute de soi est faible. Les symboles extérieurs de la réussite – revenus, voiture, logement, vêtements, vacances – exercent tous une influence sur l'image que l'on donne de soi, et que l'on a de soi. Il est alors plus facile de ressentir de la fierté, de la dignité, de la confiance en nous. À l'inverse, un faible statut social produit de la honte, toute une gamme d'émotions consistant à se sentir bête, stupide, ridicule, inadapté, déficient, incompétent, maladroit, exposé, insécurisé.

Quand vous êtes inquiet sur votre statut, il y a alors deux réactions opposées. Un sentiment d'infériorité, une anxiété sociale, de la dépression, vous pouvez aller en dessous. Ou vous pouvez avoir l'inverse, une autopromotion permanente. Vous pouvez dire « Je suis passé par telle excellente université, j'ai obtenu les meilleurs résultats, j'ai fait ça quand j'étais très jeune... », il y a plein de moyens d'introduire ça dans la conversation.

La modestie est une victime des inégalités.

“L’AMITIÉ NOUS MAINTIENT EN FORME. CENT CINQUANTE ÉTUDES DIFFÉRENTES L’ONT DÉMONTRÉ : AVOIR DES AMIS, POUR L’ESPÉRANCE DE VIE, C’EST AU MOINS AUSSI IMPORTANT QUE DE FUMER OU NON.”

LES EFFETS DU STRESS CHRONIQUE

Fakir : Mais je reviens à ma question initiale : on perçoit toujours mal le lien causal entre inégalités et espérance de vie…

R.W. : La menace d'évaluation sociale produit, chez l'être humain, un stress chronique, particulièrement accru dans les sociétés inégalitaires.

Quels sont les effets de ce stress ?

Le « stress aigu » est positif, tant pour les hommes que pour les animaux : la pression sanguine augmente, le rythme cardiaque avec, la conductivité de la peau, les muscles reçoivent plus d'oxygène, les réserves d'énergie sont mobilisées, le cerveau devient plus vif, perçoit moins la douleur. Mais pendant qu'on prépare cette réaction, d'autres activités sont diminuées, voire supprimées : la réparation des tissus, la digestion, la croissance, ou encore la reproduction. Toutes ces fonctions sont gelées, pour échapper à un danger immédiat.

Que ce stress se prolonge, qu'il devienne « chronique », qu'il dure des semaines, des mois, des années, et l'on devine combien le corps, et l'esprit, vont dysfonctionner : pour le cerveau, ce sont des troubles de la mémoire, un sommeil perturbé, des risques accrus de dépression. Au niveau du thymus, une détérioration de la réponse immunitaire. Pour le système circulatoire, une hypertension artérielle, des maladies cardiovasculaires. Pour les organes reproducteurs, des risques élevés d'infertilité, de fausses couches, etc. Bref, vous devenez vulnérable.

Voilà pour les effets biologiques directs. Mais il existe des effets indirects : on cherche l'apaisement par le tabac, par l'alcool, par la nourriture de réconfort.

LA CONFIANCE BRISÉE

R.W : Mais je le signalais tout à l'heure : ce corps qui dysfonctionne apparaît presque comme une métaphore. C'est tout le corps social qui est détraqué, tout le tissu social qui peine à se réparer. Et c'est sans doute le plus dommageable, même pour la santé.

Je voudrais partir de cette découverte étonnante : l'amitié nous maintient en forme. Cent cinquante études différentes l'ont démontré : avoir des amis, pour l'espérance de vie, c'est au moins aussi important que de fumer ou non.

Par exemple, on a mis des gouttes dans le nez, à des volontaires, avec dedans le virus du rhume. Les gens qui ont peu d'amis ont quatre fois plus de chances de l'attraper, à âge égal, sexe équivalent, etc. Ou encore, on fait des petites blessures, sur le dos de la main, à des volontaires, et on mesure à quelle vitesse vous guérissez : si vous avez des mauvaises relations avec votre compagne, ou votre compagnon, vous allez guérir plus lentement. Pourquoi ? Parce que les amis, ou votre compagne, vous offrent un sentiment de confort. Ils vous connaissent, ils vous apprécient, ils vous acceptent comme vous êtes, vous n'allez pas être jugés par eux. Bref, allégés de cette menace d'évaluation sociale, sans inquiétude sur votre perte de statut, vous disposez de davantage d'énergie pour vos défenses immunitaires.

Or, c'est toute la vie communautaire qui est affectée par les inégalités, qui en est malade. Là encore, les études convergent : dans les pays inégalitaires, la confiance dans les autres disparaît. Le politologue Éric Uslaner, de l'Université du Maryland, a ainsi mesuré le niveau de confiance, le « pourcentage de personnes à qui l'on peut se fier », aux États-Unis, entre 1960 et 1998, donc sur une période où les inégalités ont crû rapidement [FIGURE 16]. On peut aussi citer « L'enquête sur les valeurs », qui permet une comparaison au niveau international [FIGURE 17]. Plus les inégalités sont fortes, plus la défiance l'emporte, plus l'engagement dans la communauté décline, tout comme la réciprocité, l'envie d'aider les autres. On doit d'abord prendre soin de soi-même, se débrouiller pour arracher sa part du gâteau.

Fakir : Et par exemple, l'auto-stop se raréfie.

R.W. : C'est une conséquence, parmi des milliers, et chacun peut voir la trace de ces transformations dans sa vie. La méfiance s'installe, la bienveillance entre les semblables s'éclipse…

Fakir : Peut-être parce que, « semblables », nous ne le sommes plus tant que ça…

Figure 16 : Au fur et à mesure que l'inégalité croît, la confiance décline.

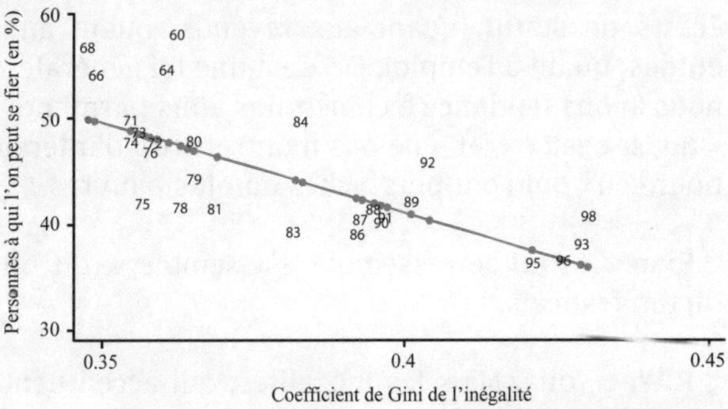

Figure 17 : Le pourcentage de personnes estimant que « la plupart des gens sont dignes de confiance » est plus élevé dans les pays plus égalitaires.

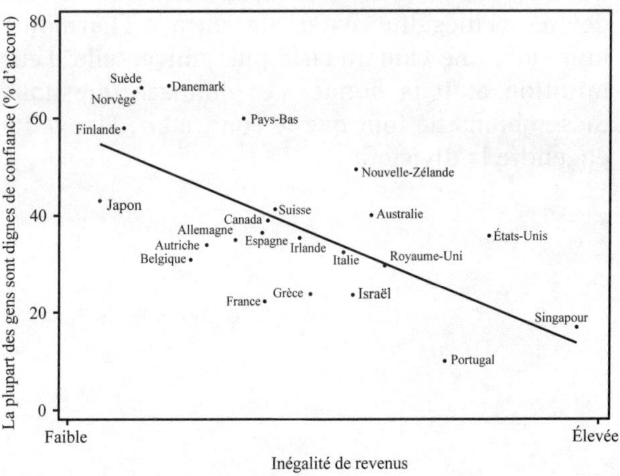

R.W. : Absolument. Des fossés se creusent, au-dessus de nous, en dessous de nous, avec des écarts de statut, quant aux revenus, quant aux études, quant à l'emploi. Or, c'est une loi générale : nous avons tendance à choisir nos amis parmi nos « quasi-égaux », et à ne pas montrer trop d'intérêt pour ceux qui sont plus riches ou plus pauvres…

Fakir : « Qui se ressemble, s'assemble », dit un dicton français.

R.W. : Voilà. Mais les inégalités, qui accentuent les différences, fabriquent des « dissemblables », diminuent notre capacité d'empathie.

Puisque vous êtes français, c'est une inspiration, tout ça, qui est présente depuis votre Révolution : « Liberté, Égalité, Fraternité », la formule en dit long, la fraternité n'est possible qu'avec l'égalité pour clé de voûte. Et les premiers socialistes l'avaient bien deviné : l'inégalité matérielle entrave l'harmonie humaine, une camaraderie plus universelle. Leur intuition était la bonne. Les données que nous rassemblons ne font que le confirmer : l'inégalité engendre la division.

EMPATHIE POUR LES ÉGAUX

Fakir : Ça rappelle la « common decency » de Orwell...

R.W. : Je n'ai pas tellement lu Orwell à ce sujet, mais j'aime citer cet autre Français, Alexis de Tocqueville. Dans *De la démocratie en Amérique*, il observait ceci :

> « Parmi les objets nouveaux qui, pendant mon séjour aux États-Unis, ont attiré mon attention, aucun n'a plus vivement frappé mes regards que l'égalité des conditions.
>
> Je découvris sans peine l'influence prodigieuse qu'exerce ce premier fait sur la marche de la société ; il donne à l'esprit public une certaine direction, un certain tour aux lois ; aux gouvernants des maximes nouvelles, et des habitudes particulières aux gouvernés. »

Partout, il était impressionné par cette « égalité des conditions », « la fusion des classes sociales et l'abolition des privilèges », la façon dont la société ne formait qu'« une seule masse » (du moins pour les Blancs). Voici ce qu'il écrivait encore :

> « Les Américains de tous les âges, de toutes les conditions, de tous les esprits s'unissent sans cesse », « des personnes qui ne se connaissent pas se retrouvent sans difficultés dans les mêmes lieux et ne ressentent ni danger ni avantage à tenir librement propos de ce qu'elles pensent », leurs manières étant « naturelles, ouvertes et libres ».

Et il décrivait comment les Américains se venaient mutuellement en aide en cas de besoin :

> « Survient-il quelque accident imprévu sur la voie publique, on accourt de toutes parts autour de celui qui en est victime ; quelque grand malheur inopiné frappe-t-il une famille, les bourses de mille inconnus s'ouvrent sans peine ; des dons modiques, mais fort nombreux, viennent au secours de sa misère. »

Il était persuadé que l'égalité des conditions avait contribué à développer et à maintenir la confiance entre les Américains. Opposé à l'esclavage, il a aussi laissé des textes sur l'exclusion des Afro-Américains et des Indiens d'Amérique, qui étaient privés de la liberté et de l'égalité dont jouissaient les autres Américains. Pour lui, l'esclavage ne pouvait se maintenir que parce que les Afro-Américains étaient considérés comme « différents », à telle enseigne que « l'Européen est aux hommes des autres races ce que l'homme lui-même est aux animaux ». Nous ne pouvons ressentir de l'empathie qu'à l'égard de ceux que nous voyons comme des « égaux », « mais il n'en est pas de même des différentes classes vis-à-vis les unes des autres ». Pour Tocqueville, les préjugés étaient une « inégalité imaginaire » qui procédait de « l'inégalité réelle produite par la richesse et le droit ».

Fakir : Le même Tocqueville qui, en 1848, sans empathie aucune, a applaudi aux Journées de juin qui écrasaient les ouvriers. Mais c'est une autre histoire…

UN LONG CHEMIN VERS L'ÉVIDENCE

R.W. : Ce raisonnement, que je vous livre ici, qui tient en quelques paragraphes, m'a pris trente ans, trente-cinq ans, et maintenant que je regarde derrière moi, je ne comprends pas pourquoi j'ai mis tant de temps à faire ces connexions. Ça me paraît évident.

Fakir : Quel était votre point de départ ?

R.W. : À la fin des années 1970, on s'intéressait aux différences dans les taux de mortalité entre classes, avec des espérances de vie qui variaient de cinq à dix ans. Nous avions des données classées par occupation : travailleur manuel, bâtiment, cadres, etc. Et on s'efforçait de découvrir quel facteur matériel produisait ça : est-ce que c'était le mal logement ? Est-ce que c'était la pollution ? Est-ce que c'était les produits chimiques ? Est-ce que c'était leur régime alimentaire ? Nous observions les facteurs matériels, chacun menant à une cause mortelle.

Beaucoup beaucoup plus tard, nous avons commencé à entrevoir l'importance de la hiérarchie elle-même, et pas seulement des facteurs matériels. Nous sommes devenus conscients, je dis bien « nous », pas « moi » tout seul, les universitaires, les épidémiologistes, de l'importance du statut social en soi pour la santé. Ce sont des recherches sur les hormones chez les babouins, chez les macaques, qui nous ont d'abord alertés. Ce qu'on lisait sur ces singes était très proche de ce qu'on observait sur

« LES CRÉATEURS QUI FONT AVANCER LEUR DOMAINE, LES PRIX NOBEL, EINSTEIN, LES GRANDS ARTISTES LE FONT-ILS POUR L'ARGENT ? NON, ILS SONT PROFONDÉMENT PASSIONNÉS, CES PERSONNES SONT FASCINÉES PAR LEUR TRAVAIL. »

les humains.

Deux études ont particulièrement changé la donne, deux grosses études, consacrées aux fonctionnaires à Londres, l'une portant sur 10 000 fonctionnaires suivis à travers des décennies, l'autre sur 17 000 fonctionnaires. Les chercheurs avaient trouvé une hormone, plus répandue en bas de l'échelle, un coagulant sanguin, le fibrinogène. Évidemment, si vous êtes attaqués, si vous êtes blessés, vous voulez que votre sang coagule plus vite et cette hormone est la bienvenue. Mais là, de trouver cette hormone en plus grande quantité chez les fonctionnaires modestes, tout se passait comme pour le sang des singes dominés : dans la jungle, eux risquaient de recevoir des coups, subissaient des morsures de la part des singes dominants, qui s'avéraient bien plus dangereux au quotidien que les lions, une source permanente de péril, et il fallait donc que leur sang soit prêt à coaguler. Mais voilà que les fonctionnaires de base, dans leurs bureaux, produisaient en quantité la même hormone, comme s'ils allaient affronter des morsures ou des coups de leurs supérieurs !

Peu à peu, donc, recoupant les données, nous – toute la communauté scientifique – sommes devenus conscients que le statut social en lui-même était important, que les facteurs psychosociaux étaient les plus pertinents pour expliquer les différences de santé du haut en bas dans la hiérarchie, bien plus puissants que les facteurs matériels.

Au début, quand vous demandiez aux immunologistes : « Est-ce que le stress a une importance sur le système immunitaire ? », ils vous auraient dit « Eh bien, peut-être un petit effet, mais pas assez pour s'en soucier. » Aujourd'hui, la science a considérablement progressé, et les mêmes immunologistes mesurent les effets biologiques et sanitaires du stress.

Je me souviens quand, pour la première fois, dans un séminaire, j'ai évoqué l'« anxiété sociale », c'est-à-dire la manière dont vous êtes jugés et regardés, comme une possible source de stress, je me sentais moi-même mal à l'aise, anxieux socialement, me demandant comment je serais jugé et regardé. Mais de plus en plus, les pièces du puzzle se sont rassemblées, oui, c'est comme faire un puzzle sans avoir l'image finale. Des gens essaient dans un sens, d'autres autrement, et là vous dites : « Regardez, ça marche vraiment si vous mettez les pièces dans ce sens », soudainement l'image finale apparaît. Ça a été ce genre d'expérience, une espèce d'évidence qui surgit, après toute une carrière. Et vraiment, maintenant que le chemin est parcouru, je me demande comment j'ai pu ne pas le voir plus tôt.

D'ailleurs, quand on parle à des groupes, parmi les pauvres, ils disent : « Mais est-ce que ça n'est pas évident ? Est-ce qu'on ne savait pas ça avant ? » Les gens ont su, depuis longtemps, intuitivement, que l'égalité compte dans le bien-être, désormais nous le vérifions dans les données.

L'IMMOBILITÉ SOCIALE

Fakir : Le risque, on nous dit, dans des sociétés égalitaires, c'est qu'on se retrouve dans des pays figés, qui ne créent plus...

R.W. : J'ai entendu ça également, dans des débats, « les gens ne vont plus créer s'ils ne peuvent pas faire fortune », et avec ma compagne, on s'est demandés : « Comment y répondre ? Comment le vérifier ? » On a donc recherché des statistiques sur les brevets, sur le nombre de brevets déposés dans chaque pays, rapportés à la population. Et on a obtenu le graphique suivant [FIGURE 18] :

Figure 18 : Les sociétés plus égalitaires sont plus innovantes.

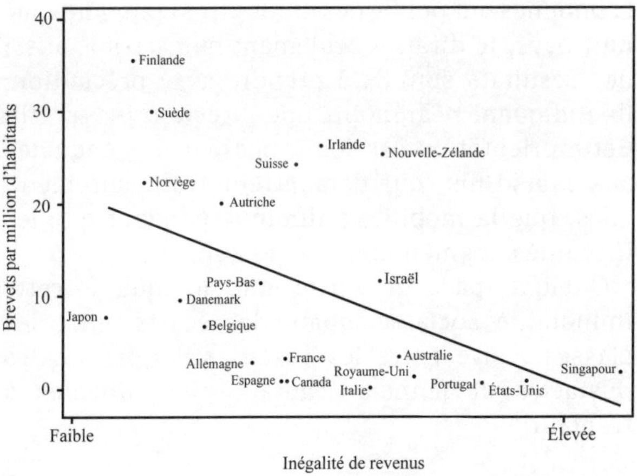

Il y a plus de brevets déposés dans les sociétés égalitaires.

Cette analyse n'est ici qu'ébauchée, elle demanderait à être poussée, vérifiée, mais elle rejoint le sens commun. Les créateurs qui font avancer leur domaine, dans presque toutes les professions, les scientifiques, les Prix Nobel, Einstein, les grands artistes et les compositeurs, le font-ils pour l'argent ? Non, ils sont profondément passionnés, ces personnes sont fascinées par leur travail. La créativité et l'innovation ne sont pas motivées par l'argent. C'est une vue fausse, un contresens produit par l'époque. Les données le prouvent.

Et de même, puisque vous parliez de « pays figés » : où la mobilité sociale est-elle la plus forte ? Où l'inégalité des chances est-elle la plus réelle ? Dans les sociétés égalitaires ou inégalitaires ? Jo Blanden et ses collègues de la London School of Economics ont publié des études très complètes sur huit pays, je dirais « seulement huit pays », aussi nos résultats sont-ils à prendre avec précaution. Ils indiquent néanmoins une direction [FIGURE 19]. Cette orientation est confirmée par des enquêtes aux États-Unis, qui démontrent très clairement, elles, que la mobilité a diminué pendant que les inégalités augmentaient [FIGURE 20].

Quelque part, il existe une logique à cette immobilité sociale : quand les écarts entre les classes, voire entre les castes, s'élargissent, les obstacles deviennent d'autant plus difficiles à franchir.

Figure 19 : La mobilité sociale est plus faible dans les pays plus inégalitaires.

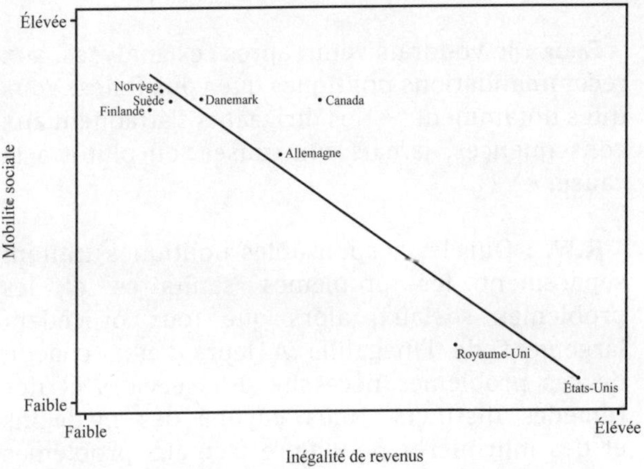

Figure 20 : La mobilité sociale aux États-Unis a augmenté jusqu'en 1980 avant de diminuer.

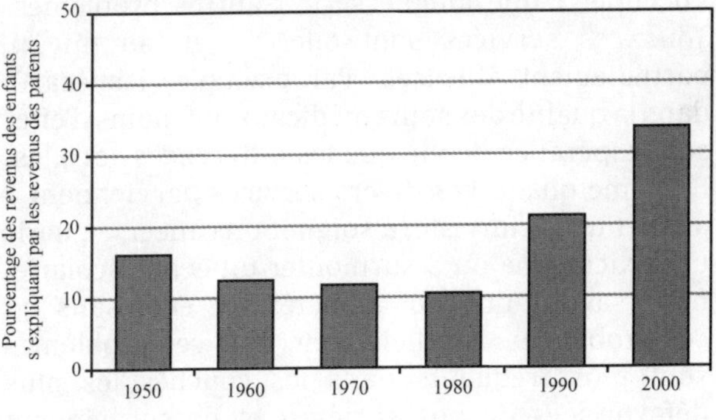

UNE TRADUCTION POLITIQUE

Fakir : Je voudrais venir, après ces analyses, aux recommandations politiques que vous faites. Vous dites notamment : « Nos dirigeants s'attaquent aux conséquences, jamais aux causes, ou plutôt à la cause. »

R.W. : Oui, les responsables politiques traitent séparément les problèmes sanitaires et les problèmes sociaux, alors que tous procèdent largement de l'inégalité. À leurs yeux, chacun de ces problèmes nécessite des services et des remèdes distincts. Nous payons des médecins et des infirmières pour faire face aux problèmes de santé, des policiers et des prisons pour lutter contre la criminalité, des professeurs et des psychologues scolaires pour remédier aux problèmes d'éducation ainsi que des travailleurs sociaux, des unités de réinsertion des toxicomanes et des experts en promotion de la santé, chargés de s'occuper d'une longue série d'autres problèmes. Tous ces services sont onéreux et, au mieux, partiellement efficaces. Par exemple, les écarts dans la qualité des soins médicaux ont moins d'effet sur l'espérance de vie que les différences sociales. Et même quand ces divers services parviennent à arrêter un récidiviste, à soigner un cancer, à guérir un toxicomane ou à surmonter un échec scolaire, nous savons que nos sociétés recréent sans fin ces problèmes. Parallèlement, tous ces problèmes sont plus fréquents dans les couches les plus défavorisées de nos sociétés, et ils surviennent beaucoup plus fréquemment dans les sociétés plus inégalitaires.

Ces conclusions sont désormais admises dans la communauté scientifique. Le *British Medical Journal* titrait d'ailleurs un éditorial « The big idea », « La grande idée », et les rédacteurs notaient :

> « L'idée maîtresse est la suivante. Ce qui détermine la mortalité et la santé dans une société tient moins à la richesse globale de la société en question qu'à la répartition égalitaire de la richesse.
>
> Mieux la richesse est répartie, meilleure est la santé de cette société ».

C'est une idée simple, qui doit maintenant trouver une traduction politique.

Fakir : Mais comment réduire les inégalités ?

R.W. : Le biais le plus simple, c'est l'impôt, la redistribution. Mais ce moyen a un inconvénient : ce qu'un gouvernement fait, le suivant peut le défaire. Il y a surtout, aujourd'hui, un manque de contraintes démocratiques sur les riches, il faut construire ces contraintes.

La prochaine grande étape, par exemple, me semble-t-il, dans l'émancipation humaine, c'est d'apporter la démocratie sur le lieu de travail, que les salariés soient représentés au conseil d'administration. Ils accepteront sans doute que leur patron gagne deux à trois fois plus qu'eux, voire dix à vingt fois, comme dans le service public britannique, mais pas trois cents fois, comme aujourd'hui dans les multinationales.

Fakir : J'aimerais rêver avec vous, que les entreprises seront aux mains des salariés, que les actionnaires accepteront ça...

R.W. : L'important, c'est que l'opinion publique change. Prenez le racisme, combien notre attitude à l'égard du racisme a évolué. Ce n'est plus acceptable comme ça l'était auparavant. Mais prenez également les homosexuels, ou les femmes, notre attitude à leur égard s'est transformée, en quoi ? en vingt ans. Il y a des changements majeurs.

Et ce qu'on voit maintenant, c'est un changement majeur vis-à-vis de l'inégalité. L'attention politique, médiatique, en particulier aux États-Unis, les gens estimant l'échelle des salaires bien trop large. Maintenant, après la crise, même des économistes !, même eux, parlent du coût économique des inégalités. Moi, je parle du coût social, du coût psychologique. Mais eux évaluent le coût économique : les krachs, en 1999 et en 2008, correspondent à deux sommets d'inégalités, à deux sommets d'endettement. Donc, si vous voulez une croissance durable – et personnellement je ne la veux pas, je montre au contraire qu'elle est socialement inutile, et écologiquement nuisible – mais si vous voulez une croissance durable, il faut réduire ces inégalités.

UNE ASPIRATION MASSIVE

Fakir : Votre livre porte aussi, je trouve, un message pour les militants de gauche. On a longtemps eu l'égalité honteuse, toujours soupçonné d'« égalitarisme », de vouloir niveler par le bas. Avec tous vos graphiques, vous nous dites : « Placez l'égalité au cœur de votre programme, vous avez raison, ne lâchez pas ça. »

R.W. : Oui, c'est amusant ce que vous dites sur la « honte ». Il y a une telle fierté, depuis quelques décennies, de la compétition, de la concurrence, car la montée des inégalités s'est accompagnée d'une idéologie qui va avec, qu'on en oublie ça : l'aspiration à l'égalité est massive. C'est quotidiennement occulté mais, au fond, les gens détestent les inégalités.

Un rapport paru en 2011 confirme cette aversion, de façon empirique. Des chercheurs des universités de Duke et de Harvard ont montré trois diagrammes à un échantillon de 5 500 Américains. Ils proposaient trois répartitions différentes des richesses : dans le premier graphique, chaque cinquième de la population possédait la même part ; le deuxième montrait la répartition des richesses aux États-Unis – sans que cela soit mentionné – ; le troisième s'inspirait de la répartition des revenus en Suède – toujours sans explications. Pas moins de 92 % des répondants ont exprimé une préférence pour une répartition à la suédoise. Ce pourcentage ne variait qu'entre 89 et 93 % selon la richesse des répondants et leur appartenance politique. Les sondeurs leur ont aussi demandé quelle était, selon eux, la répartition des richesses aux États-Unis. En moyenne, les répondants ont estimé que les 20 % les plus riches possédaient 59 % des richesses, alors qu'ils en contrôlent en réalité 84 %. Enfin, à la question de savoir quelle était, à leurs avis, la répartition idéale, ils ont répondu qu'ils préféraient une société dans laquelle les 20 % les plus riches possédaient 32 % de la richesse totale.

UN CAS CLINIQUE

Fakir : Professeur Wilkinson, je voudrais maintenant, concrètement, vous parler d'un patient. Est-ce que vous connaissez Bernard Arnault ? C'est l'homme le plus riche de France. Il était l'homme le plus riche d'Europe mais il a perdu sa place. Il possède et dirige LVMH, le plus grand groupe de luxe au monde.

R.W. : C'est intéressant, déjà, car la demande des produits de luxe reflète les inégalités. Sa fortune a sans doute crû en parallèle des inégalités...

Fakir : Je le considère comme un cas clinique. Il a beaucoup d'argent, mais il cherche toujours à en avoir plus : 14 milliards une année, 17 milliards la suivante, il lui faut un yacht toujours plus long, des maisons à la montagne, à la mer, à New York, dans le sud de la France, dans le nord, un hôtel particulier. Il possède même une île...

“VOUS PARLEZ DE CONVERTIR
DES PERSONNES RICHES.
CE N'EST PAS LE SUJET.
LE SUJET, C'EST LA DÉMOCRATIE.
LES RICHES N'ABANDONNENT
LEUR POSITION QUE FACE
À UNE MENACE SOCIALE.”

J'aimerais vous montrer une photo de lui... Il a l'air un peu triste, non ? (*Richard Wilkinson approuve.*) Eh bien voilà, j'aimerais le sauver de lui-même. Quand j'ai lu votre livre, je me suis dit, « tiens, voilà une thérapie pour Bernard Arnault ».

R.W : J'avais une tante, que j'aimais beaucoup, qui venait d'une famille très riche. Seulement, pendant la guerre, elle a été emprisonnée par les Japonais, elle a subi la famine. Elle a dit ensuite que cela lui avait fait beaucoup de bien. Elle a rencontré d'autres gens, elle a réalisé à quel point cette vie pouvait être dure. Elle est devenue une meilleure personne grâce à cela.

Fakir : Donc vous nous conseillez d'emprisonner Bernard Arnault et de l'affamer ? Moi, je ne suis pas aussi violent que vous. Je voudrais suggérer à Bernard Arnault de m'accompagner, de rencontrer les gens qu'il a licenciés il y a trente ans. D'aller dans ses usines en Pologne, en Inde, à Madagascar, et de voir comment ses employés vivent. J'ai pensé que, peut-être, s'il sort de ses bâtiments de verre, de ses chiffres, de son cercle d'amis très aisés, peut-être qu'il pourrait réintégrer la communauté humaine…

R.W. : Vous parlez de convertir des personnes riches. Ce n'est pas le sujet.

Le sujet, c'est la démocratie.

Les États-Unis et de nombreux pays développés sont devenus plus égalitaires pendant les années 1930 seulement parce qu'ils avaient peur du communisme et du syndicalisme. Pendant toute une période ils ont réduit les inégalités. Quand des protestataires ont secoué la voiture d'un dirigeant de la Bank of Scotland, ont cassé sa fenêtre, eh bien, ce jour-là, je crois que ce financier a commencé à s'inquiéter, à se soucier de comment il était vu, jugé.

Les riches n'abandonnent leur position que face à une menace sociale. C'est aux gens, pas aux riches, de prendre conscience de ces injustices, et du fait que les oligarques ne méritent pas ces privilèges.

Fakir : Donc, il faut créer une menace sociale pour changer Bernard Arnault ?

R.W. : Notre regard sur les riches doit changer, il faut en finir avec l'admiration, ou la déférence. On devrait les considérer comme des égoïstes, des antisociaux, les mépriser, et qu'ils le sachent.

C'était le cas dans la préhistoire. Christopher Boehm, un expert des sociétés de cueillette et de chasse, a rassemblé des données sur deux cents sociétés différentes. La plupart étaient extraordinairement égales, basées sur le partage de la nourriture, l'échange de dons. D'après lui, ils maintenaient l'égalité en ridiculisant ceux qui se voulaient supérieurs, ou ils les exilaient, et dans certains cas, ils étaient même tués. Il montre comment ce qu'il appelle des « stratégies contre les dominants » fonctionnaient.

Fakir : Maintenant, vous voulez le tuer !

R.W. : Dans une certaine mesure, les démocraties modernes sont une « stratégie contre les dominants », mais c'est une contrainte inefficace. Il faut la rendre plus efficace.

LA BONNE NOUVELLE

Fakir : Ça m'amène à ma conclusion : malgré toutes les statistiques déprimantes sur les inégalités en hausse, et les maladies avec, et le taux d'obésité, et les homicides, etc., j'ai trouvé votre ouvrage optimiste. Il m'a nourri d'espoir parce que, au fond, en ces temps de résignation, il nous dit : une société meilleure est à portée de main.

R.W. : Les données prouvent, vraiment, que l'humanité peut franchir un nouveau stade dans son développement. Si les États-Unis réduisaient leur inégalité de revenus à un niveau avoisinant celui des quatre pays riches les plus égalitaires (Japon, Norvège, Suède et Finlande), la proportion de la population disposée à se faire mutuellement confiance pourrait augmenter de 75 % (les améliorations de la qualité de la vie collective seraient à l'avenant). Les taux de maladie mentale et d'obésité pourraient être réduits des deux tiers, les taux de grossesse précoce pourraient l'être de moitié, le nombre de détenus pourrait baisser des trois quarts et les gens vivraient plus longtemps tout en travaillant l'équivalent de deux mois en moins par an.

Et la bonne nouvelle, en effet, c'est que ça ne passe plus par une surproduction de richesses, par un supplément de croissance – qui conduit à la destruction de la planète. On peut encore progresser, pour la santé collective, pour l'épanouissement personnel, et tout en diminuant l'empreinte écologique [FIGURE 21].

Figure 21 : Bien-être humain et soutenabilité.

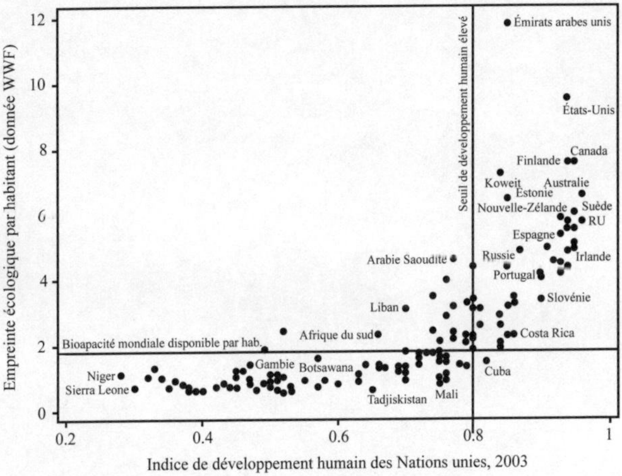

Fakir : Rouge et vert peuvent aller de pair, la justice sociale et l'écologie.

R.W. : Voilà. Les dés ne sont pas jetés, le pire n'est jamais certain. En tant qu'êtres humains, on a pu vivre dans des sociétés égalitaires, disons durant 99 % de notre histoire. Mais on a vécu aussi dans des dictatures horribles, dans des tyrannies, avec un système extrêmement hiérarchique.

On peut faire les deux, on sait s'adapter.

À nous de choisir.

Ours

Un ouvrage ne peut exister sans, derrière l'auteur, le travail de toute une équipe. Et dans le cas des Éditions Fakir, le travail d'une équipe largement bénévole.

Voici donc les petites mains de l'ombre :

Coordination : Catherine Guénard
Maquette : Nathalie Poux
Mise en page : Ludovic Rio
Typographie de couverture : Rémi Farnos
Propagande : Sylvain Laporte
Logistique : Johanna Silva
Mise en carton : Magalie Crevel
Relecture : Vincent Bernardet, Grégoire Gillion et Baptiste Lefevre
Comptabilité : Françoise Maréchal
Aux commandes : Joël, Stéphane, Danielle, Sibylle
Sous la présidence lumineuse de Fabian Lemaire, avec l'accompagnement souriant de Cécile Hautière, et avec le secours des milliers de travailleurs clandestins qui rament dans nos soutes.

Achevé d'imprimer
en mars 2016
sur les presses de la Sepec
1, rue Prony
01960 Péronnas

pour le compte de
Fakir Éditions
4, rue Blanquetaque
80 000 Amiens

www.fakirpresse.info
contact@fakirpresse.info

Diffusion-distribution
en France et en Belgique
Les Belles Lettres — BLDD
25, rue du général Leclerc
94270 Le Kremlin-Bicêtre

Dépôt légal : 4e trimestre 2015
Bibliothèque nationale de France
ISBN : 978-2-36921-009-2
Prix : 4 euros

IMPRIM'VERT®